병든 아내가 해진 치마를 보내며
천 리 먼 길 애틋한 정을 담았네
흘러간 세월에 붉은빛 다 바래서
만년의 서글픔을 가눌 수 없구나
마름질로 작은 서첩을 만들어
아들을 일깨우는 글을 적는다
부디 어버이 마음을 잘 헤아려
평생토록 가슴에 새기려무나

―정약용 《하피첩》의 머리말에서

위대한 책벌레 1
귀양 선비와 책 읽는 호랑이_아내의 낡은 치마폭에 편지를 쓴 정약용 이야기

초판 1쇄 발행 2014년 3월 3일
초판 5쇄 발행 2021년 5월 7일

글   최은영
그림 유기훈

펴낸곳 도서출판 개암나무(주)
펴낸이 김보경
경영관리 총괄 김수현   **경영관리** 배정은
편집 조원선 배우리   **디자인** 김효정 윤수경   **마케팅** 신종연
출판등록 2006년 6월 16일 제22-2944호

주소 서울특별시 용산구 한남대로40길 19, 4층(한남동, JD빌딩) (우)04417
전화 (02)6254-0601, 6207-0603   **팩스** (02)6254-0602   **E-mail** gaeam@gaeamnamu.co.kr
개암나무 블로그 http://blog.naver.com/gaeamnamu   **개암나무 카페** http://cafe.naver.com/gaeam

ⓒ 최은영, 유기훈, 2014
이 책의 저작권은 저자에게 있습니다. 저자와 출판사의 허락 없이 내용의 일부를 인용하거나 발췌하는 것을 금합니다.

ISBN 978-89-6830-030-1 74810
ISBN 978-89-6830-029-5(세트)

이 도서의 국립중앙도서관 출판시도서목록(CIP)은 서지정보유통지원시스템 홈페이지(http://seoji.nl.go.kr)와
국가자료공동목록시스템(http://www.nl.go.kr/kolisnet)에서 이용하실 수 있습니다.
(CIP제어번호: CIP2014003958)

품명 아동 도서 | **제조년월** 2021년 5월 7일 | **사용연령** 10세 이상
제조자명 개암나무(주) | **제조국명** 대한민국 | **전화번호** 02-6254-0601
주소 서울특별시 용산구 한남대로40길 19, 4층(한남동, JD빌딩)

귀양선비와 책읽는 호랑이

최은영 글 유기훈 그림

개암나무

작가의 말

정약용이 아들들에게 전한 '공부'의 의미

　조선 시대 뛰어난 학자로 정조 임금의 두터운 신임을 받았던 정약용(1762~1836)은 정조 임금이 죽은 뒤, 새롭게 떠오른 정치권력에 밀려 전라남도 강진으로 귀양을 떠나게 됩니다. 그때 정약용의 나이는 마흔이었지요.

　나라를 위해 몸을 아끼지 않고 일하느라 가족을 돌볼 틈이 없었던 정약용은 귀양지에서 홀로 시간을 보내며 멀리 떨어진 가족을 사무치게 그리워합니다. 그때 정약용에게는 아내와 아들 둘 그리고 딸 하나가 있었거든요. 남편 노릇은 물론 아들딸에게 아버지 역할을 제대로 해 주지 못한 것을 아쉬워하고 있을 즈음, 아내는 남편에게 여러 폭의 치마를 보냅니다. 결혼할 때 아내가 입었던 다홍치마를 말예요.

아내가 귀양 가 있는 남편에게 치마를 보낸 이유는 정확히 밝혀지지 않았지만, 후세의 사람들은 정약용의 아내가 먼 곳에서 외로이 지내는 남편에게 부부간의 정을 전한 것이라고 이야기합니다. 어쨌든 아내의 낡은 치마를 받아 든 정약용은 그 치마를 허투루 두지 않고, 치마를 잘라 네 첩짜리 책을 만들고 아들들에게 전해 줄 글귀를 채워 넣었습니다. 그래서 사람들은 이 책을 《하피첩》이라 부릅니다. '하피'란 결혼할 때 신부가 입었던 예복을 말하거든요.

정약용은 《하피첩》을 통해 멀리 떨어져 있는 아들들에게 글공부를 게을리하지 말라고 당부했습니다. 공부는 남에게 보여 주려고 하는 것이 아니라 스스로를 올바르게 세우고자 하는 것이니, 스스로가 올바로 섰을 때 많은 사람들이 우러러 존경하고 따를 것이라 이르면서요. 정약용이 아들들에게 보낸 편지를 읽으면서 내가 가장 공감했던 말이 이것입니다.

　남에게 보여 주기 위해서 하는 공부는 보여 주려는 누군가가 사라지면 금세 흥미를 잃게 됩니다. 자기 자신을 위해서 하는 공부라면 내가 사라지지 않는 한 끝도 없이 계속해서 이루고자 노력을 하겠지요.

　더불어 정약용은 공부의 방법에 대해서도 몇 가지 제안을 던집니다. 당시의 공부 방법은 주로 책 읽기였는데요. 정약용은 아들들에게 폭넓게 읽고, 신중하게 생각하여 명백하게 뜻을 알아 가되 잘 모르는 것이 나오면 어떠한 방법을 통해서든 반드시 알고 넘어가라 일렀습니다. 또 자기 자신을 위한 공부가 다른 사람을 이롭게 할 수 있도록 실천하라는 말도 잊지 않았지요.

정약용의 이야기를 통해 내가 친구들에게 전하고 싶은 말도 바로 이겁니다. 책을 읽고 공부하여 더 많은 사람들을 이롭게 할 수 있는 훌륭한 친구들이 되기를 바랍니다.

최은영

차례

 책 읽는 호랑이 10

 꼬맹이 석이를 만나다 17

 책은 멀리하고, 놀기만 하는 도령들 24

 약속을 어기다니! 31

 아내의 치마를 찢고 있는 정약용 영감 38

 마지막 부탁 43

 아들들에게 보내는 편지 50

 누구를 살려야 하나 56

 책을 읽어야 하는 이유 64

 정약용 영감의 벗이 되어 71

 책 읽기 전에 글공부 75

책 읽는 호랑이

휘영청 둥근 달이 하늘 높이 솟아올랐어.

모두 다 쿨쿨 깊은 잠에 빠져들 시간이었지. 그런데 숲 속 마을 동굴 앞 수풀 마당은 이제 막 하루를 시작하는 듯 소란스러웠어.

"아따, 달빛 참 곱구먼!"

하얀 수염을 길게 내린 염소 할아버지가 지팡이를 짚고 달강달강 걸어오며 하늘을 보았어.

"아싸, 내가 일 등으로 가서 자리 잡아야지."

귀염둥이 콩콩이 토끼는 잽싸게 염소 할아버지를 앞질렀어.

"아이쿠, 뭐야? 벌써 보름달 뜨는 밤이 된 거야?"

땅속에 사는 두더지도 단춧구멍만 한 눈을 동그랗게 뜨고 달을 올려다보았어. 그러고는 부리나케 땅을 파헤치며 수풀 마당으로 내달렸지.

숲 속 마을 동물 친구들은 오래전부터 오늘을 기다렸어. 오늘은 바로 나, 호랑이가 책을 읽어 주기로 한 날이거든.

"다른 날은 캄캄해서 책을 읽을 수가 없으니, 둥근 보름달이 떠오

르는 날에 이곳 수풀 마당으로 오너라!"

내가 처음 책을 읽어 준 날, 동물 친구들은 헤어지기가 아쉬운지 걸음을 떼지 못했어. 그래서 내가 약속을 했지.

"보름달이 뜬 밤에 오면 꼭 읽어 주실 거죠?"

순둥이 꽃사슴이 커다란 눈망울을 반짝이며 다짐받듯 물었어. 나는 걱정 말라며 크게 고개를 끄덕였지. 동물 친구들은 둥근 달이 뜨면 꼭, 꼭, 꼭, 꼭 책을 읽어 달라고 신신당부를 하며 뿔뿔이 흩어졌어. 나는 허허 웃음이 나왔단다. 동물 친구들이 책을 이렇게 좋아할 줄은 정말 몰랐거든.

어쨌거나 동물 친구들은 그날부터 밤이면 습관처럼 하늘을 올

신신당부 거듭하여 말로 단단히 부탁함.

려다보았어. 그러고는 푹푹 한숨을 내쉬었지. 보름달은 쉽사리 떠오르지 않았거든. 그런데 그날로부터 꼭 한 달이 된 오늘, 기다리고 기다리던 보름달이 떠올랐어!

"야호, 신난다. 어서 가자!"

"난 귀가 어두워서 앞자리에 앉아야 돼!"

"그럼 얼른 걸음을 서둘러요!"

동물 친구들은 나이 많은 어르신들을 부축하고 어느새 동굴 앞 수풀 마당에 모여 앉았어. 그러고는 둥글게 둘러앉아 내가 나타나기를 눈이 빠져라 기다렸지.

나는 멀찌감치에서 동물 친구들의 본새를 멀뚱멀뚱 바라보다가 어정어정 동굴을 빠져나왔어. 한 손에는 두툼한 이야기책을 들고서 말이야.

"와, 책 읽는 호랑이님이 나오셨다!"

긴팔원숭이가 손뼉을 짝짝 치면서 나를 반겼어. 다른 동물 친구들도 눈을 반짝이며 나를 보았지.

"그럼 이제 책을 읽어 볼까나?"

나는 동물 친구들이 비워 둔 가운데 자리에 떡하니 앉았어.

15

그리고 동물 친구들과 눈 맞춤을 한 번씩 하고는 두툼한 책을 펼쳐 들었지. 그때였어.

"호랑이님은 어떻게 책을 읽게 되셨어요?"

꼬맹이 다람쥐가 눈을 동그랗게 뜨고 또박또박 물었어. 다른 동물 친구들도 궁금하다는 듯 고개를 끄덕이며 나를 바라보았지. 나는 책을 접었어.

"아, 책을 읽지 말라는 건 아니에요!"

놀란 듯 다람쥐가 손사래를 쳤어. 내가 책을 읽어 주지 않을까 봐 겁이 났던 모양이야. 나는 다정한 목소리로 물었어.

"내가 어떻게 책을 읽게 되었는지, 그 이야기부터 들려주랴?"

다람쥐는 물론이고, 다른 동물 친구들도 한목소리로 "예!" 하고 대답했어.

나는 허허 웃으며 차근차근 기억을 더듬어 보았지.

꼬맹이 석이를 만나다

다들 비슷하겠지만 사실 나도 책은 물론이고 글자 하나 제대로 못 읽는 까막눈이었어. 깊은 산속에서 데굴데굴 뒹굴다가 배가 고프면 날래게 사냥해서 배를 채우고, 심심하면 길 가는 사람 앞에 우뚝 나타나 큰 소리로 겁을 줬지. 장난삼아 말이야.

그날도 일찌감치 사냥하고 배가 불러, 이리저리 뒹굴고 있는데, 어디선가 흥얼흥얼 콧노래 소리가 들리는 거야.

"천안 삼거리 흥흥흥흥 능수야 버들은 흥흥흥흥……."

조막만 한 사내아이 하나가 산길을 걸으며 주야장천 불러 대는

주야장천 밤낮으로 쉬지 아니하고 연달아.

노랫소리인데, 가만히 귀를 기울이니 노래라고 부르는 가락에 흥은 하나도 없고 겁만 잔뜩 든 거야. 보나 마나 산길에서 나를 만날까 두려워서 되지도 않는 노래를 흥얼흥얼 힘겹게 부르고 있는 게 틀림없었지. 순간 나는 장난을 치고 싶었어.

"어흥!"

앞발을 번쩍 들어 올리며, 사내아이 앞에 떡하니 나타났지.

아니나 다를까 사내아이는 땅바닥에 납작 엎드려서는 사시나무 떨듯 온몸을 바들바들 떠는 거야. 속으로는 킥킥 웃음이 났지만, 나는 웃음을 꾹꾹 누르며 참았어. 그러고는 짐짓 사나운 목소리로 말했지.

"떡 하나 주면 안 잡아먹지!"

어렸을 적 할머니에게서 들었던 말이야. 사람들을 골려 먹기에 딱 좋은 말이지. 그런데 요 녀석이 글쎄, 얼굴을 빼꼼 쳐들더니 이렇게 말하는 거야.

"저, 떠, 떡 없는데요."

달달 떨면서 눈을 슴벅거리는데 어찌나 귀엽던지, 나는 아이랑 조금 더 이야기를 나누고 싶었어.

"그럼 가슴팍에 꼭 끌어안은 그것이라도 내어놓아라!"

마침 녀석이 두 손으로 꼭 끌어안고 있는 물건이 있기에 나는 대뜸 호령°을 했지. 그랬더니 녀석이 다시 얼굴을 땅바닥에 붙이고는 두 손을 싹싹 비비며 말했어.

"호랑이님, 이것만은 제발 봐주세요."

녀석의 목소리가 어찌나 애달프던지 나는 얼른 장난이었다고 말하고 싶었어. 그런데 내가 또 궁금한 건 절대 못 참는 성격이거든. 그래서 물었지.

"그것이 무엇인데 그러느냐?"

"이, 이것으로 말할 것 같으면 주인마님의 치마이옵니다."

"치마?"

치마라고 하면 기껏해야 여인네들이 아랫도리에 두르는 옷가지일 뿐이잖아. 그런데 고작 치마 한 벌에 어린아이가 목숨을 내어놓으려 하니 기가 막혔지.

어이가 없어 콧방귀를 흥흥 뀌어 대자, 아이가 스르르 고개를 들었어. 그리고는 자리에서 부스스 일어나 앉더니 입을 열더군.

호령 부하나 동물 따위를 지휘하여 명령함.

"이건 보통 치마가 아니옵니다."

"흥, 치마면 다 치마지. 보통 치마가 아닌 건 무엇인고?"

내가 사나운 투로 물었어. 그랬더니 녀석이 눈물을 찔끔찔끔 흘리며 앞뒤 사정을 이야기하더라고.

책은 멀리하고, 놀기만 하는 도령들

녀석의 이름은 석이. 남양주에 사는 정약용 영감의 하인이래. 그런데 지금 주인 영감은 전라남도 강진 땅에 계시다나. 그래서 내가 물었지.

"남양주에 사는 어른이 왜 강진까지 가셨누?"

"그러니까, 그게요, 나라에 죄를 지었다고 귀양˚을 가신 거예요."

석이의 말에 나도 모르게 눈썹이 찌푸려지더군. 전라남도 강진

귀양 조선 시대에 죄인을 먼 시골이나 섬으로 보내어 일정한 기간 동안 정해 놓은 곳에서만 살게 한 형벌.

까지 귀양을 갔다면 분명히 죄질이 아주 고약할 거라는 생각이 들었거든. 그런데 석이가 내 얼굴을 본 모양이야. 당황한 듯 두 손을 휘휘 저으며 목청을 높였어.

"나쁜 죄를 지으신 게 절대 아닙니다요. 절대로 아니라고요."

"그럼 왜 강진까지 귀양을 간 게냐?"

"그게, 우리 영감님이 엄청 똑똑하시거든요. 그래서 다른 양반님네들이 질투가 나서 없는 죄를 막 만들어 낸 겁니다요."

"참말?"

나는 믿을 수 없었어. 아무리 질투가 나기로서니 멀쩡한 사람을 죄인으로 만든다는 게 이해가 되지 않았지.

"사람들은 그래요. 자기보다 잘난 사람이 잘되는 꼴은 절대로 못 본다고요."

석이가 입술을 불쑥 내밀었어. 내가 무서워 덜덜 떨던 모습은 어느새 사라지고, 주인 영감에 대한 안타까움으로 가득한 모습이었지. 그래서 일단은 녀석의 말을 믿어 보기로 했어. 빨리 궁금증을 풀고 싶기도 했고.

"그래서? 주인 영감이 귀양을 간 거랑 치마랑 무슨 관계인데?"

"아, 그러니까 그게 말이죠. 주인 영감님이 먼 곳으로 귀양을 떠나자, 영감님의 아들들이 책을 멀리하고 들입다 놀기만 하는 겁니다."

"뭐, 공부하라고 등 떠밀던 아버지가 먼 곳으로 떠나셨으니 그럴 법도 하지."

나는 아들들의 마음이 충분히 이해가 되었어. 왜냐하면 방 안에 틀어박혀서 하루 종일 책 읽고 공부한다는 것은 정말 따분하고 지루한 일일 듯했거든. 산속에 사는 내 생각에는 말이야. 그런데 석이는 조금의 망설임도 없이 대답했어.

"영감님의 아들들은 원래 안 그랬어요."

정약용 영감의 아들들은 아버지를 닮아 어려서부터 책 읽기를 즐겼대. 그런데 왜 갑자기 책 읽기를 그만두었을까 궁금해졌어.

"저도 잘은 모르지만, 죄인의 자식은 아무리 공부를 잘해도 나랏일을 할 수가 없대요. 그런데 영감님이 뜻하지 않게 죄인이 되셨으니……."

말을 하다 말고, 석이는 또 콧물을 쿵쿵 들이켰어. 말을 잇기가 어려울 만큼 속이 상한 것 같았지. 그 모습을 보니 정약용 영감은 꽤나 괜찮은 사람이 아닐까 싶었어.

그런데 석이의 이야기를 가만히 듣다 보니 뭔가 이상한 거야. 이 녀석이 치마 얘기는 꺼내지도 않고, 정약용 영감이랑 그 아들 얘기만 하고 있네. 아무래도 요 쥐방울만한 녀석이 제 목숨을 지키려고 나에게 허튼소리를 지껄이는 듯했어.

"정약용 영감의 아들들이 책을 멀리한 것과 치마는 또 무슨 상관이냐?"

나는 눈을 부리부리하게 뜨고 큰 소리로 물었지. 석이가 말했어.

"두 아들이 탱자탱자 노는 걸 보면서 날마다 눈물을 흘리던 마님이 저를 부르셨어요. 그러고는 다홍빛 치마를 건네면서 귀양 가 있는 영감님에게 전해 달라고 하셨어요."

그제야 석이가 왜 영감 아들들의 이야기를 꺼냈는지 알 수 있었지. 그런데 또 다른 궁금증이 생겼어.

"마님이 왜 귀양 가 있는 남편에게 치마를 보냈는고?"

"저도 그것까지는 알지 못합니다요."

석이가 고개를 조아리며 힐끔힐끔 나를 올려다보았어. 나도 눈을 새치름하게 뜨고 녀석을 보았지.

아, 궁금한 게 있으면 그냥 넘어갈 수가 없는데, 요 녀석이 정말로 모르는 건가? 나는 궁금증이 차올라 눈이 이글이글 불타오를 뻔했어. 순간 석이가 오물거리며 입을 뗐어.

"다만, 이 치마로 말할 것 같으면……."

"그래, 그 치마로 말할 것 같으면?"

나는 침을 꿀꺽 삼키고 석이를 보았지.

"마님이 영감님에게 시집을 오실 적에!"

"시집을 올 적에?"

나는 눈을 동그랗게 뜨고 물었어.

"예, 바로 그때 마련해 온 것이라 합니다요."

석이가 시무룩하게 말을 마쳤어.

약속을 어기다니!

"시집올 때 갖고 온 치마를 여태껏 지니고 있었다면 아주 귀한 것이 아니겠느냐?"

내가 콧잔등에 난 수염을 슬렁슬렁 쓰다듬으며 말했지.

"당연하죠. 다홍빛 치마가 이렇게 닳고 바랬으니까요."

석이는 치마를 내보이며 떨떠름하게 대꾸했어.

"그런데 그 귀한 것을 왜 귀양 가 있는 남편에게 전해 주라는 것이냐?"

나는 눈을 세모나게 뜨고 물었어.

"그 이유는 저도 모른다니까요!"

석이는 답답한 듯 주먹으로 가슴팍을 팡팡 내리쳤어. 나는 뜨끔 놀라 입을 실룩거렸지. 그런데 조금 전에도 말했듯이 난 궁금한 건 절대로 못 참는 성미거든. 그래서 반드시 답을 알아내야 속이 시원할 것 같았어.

"내가 너를 살려 줄 테니, 그 치마를 주인 영감에게 갖다 주어라."

"참말입니까요?"

석이가 눈을 동그랗게 뜨고, 치마를 냅다 끌어안았어.

"대신!"

나는 일부러 눈을 부리부리하게 뜨고 석이를 보았지. 석이는 다시 몸을 움츠리고는 나를 올려다보았어.

"주인 영감에게 가서 마님이 치마를 보낸 이유를 알아 오너라."

나는 제법 위엄차게 명령을 내렸지.

석이는 냉큼 알겠노라 대답을 했어.

"돌아오지 않으면, 내가 너를 쫓아 조선 땅끝까지라도 찾아갈 것이야. 알겠느냐?"

나는 목청을 더 높였어. 석이의 대답을 꼭 들어야 했으니까.

석이는 잔뜩 겁먹은 듯 몸을 달달 떨며 치마를 끌어안았어. 그러고는 파들파들 떨리는 목소리로 말했지.

"저희 주인 영감님이 다른 사람하고 한 약속은 반드시 지켜야 한다고 했어요. 비록 사람이 아니라 호랑이님이긴 하지만, 주인 영감님의 가르침에 따라 꼭 돌아오겠습니다."

녀석은 나와 눈도 마주치지 못했어. 하지만 절대로 나를 속이려는 것 같진 않았지. 나는 냉큼 비켜서서 석이에게 길을 내어 줬어. 석이는 몇 번이나 허리를 숙여 나에게 인사하고는 내달리듯 산길을 빠져나갔어. 나는 녀석의 뒷모습을 한참 동안 바라보았단다. 참으로 오랜만에 속이 깊은 녀석을 만난 느낌이었거든. 그런데 녀석은 나의 믿음을 깨뜨려 버렸어. 어흥!

하루가 가고, 이틀이 지났는데도 석이는 오지 않았어.

"반드시 돌아오겠다고 약속하고서는 왜 이리 안 오는 거야?"

나는 엉덩이를 들썩들썩, 목을 쭉 뺐다 돌렸다 난리 법석을 부리며 산길을 부산스럽게 돌아다녔어. 참나무에 얹혀사는 딱따구리 녀석이 나 때문에 정신없다고 할 정도였다니까.

사흘째 날이 밝았어. 나는 더 이상 참을 수가 없었지.

"요 녀석을 당장 잡아서 꿀꺽 삼켜 버려야겠다, 어흥!"

나는 숲이 떠나가라 큰 소리로 성질을 부렸어. 그러고는 정약용 영감이 귀양 가 있다는 전라남도 강진으로 나는 듯이 달려갔지.

아내의 치마를 찢고 있는 정약용 영감

석이의 냄새를 쫓아 나는 남쪽으로, 남쪽으로 내달렸어.

강진은 생각보다 아주 먼 곳이었지. 호랑이인 내 걸음으로도 하루가 꼬박 걸릴 정도였으니까. 이렇게 먼 길을 기껏해야 열 살 정도 밖에 안 되어 보이는 아이가 쉬지 않고 걸었을 걸 생각하니 왈칵 눈물이 솟더군. 심부름을 시킨 주인 영감의 부인이 조금 야속하게 느껴졌지.

한참을 정신없이 달리다 보니, 눈앞이 뻥 뚫렸어. 울울하게 가로막고 있던 나무들도 사라지고, 옹기종기 모여 앉은 초가집도 보이지 않았어. 푸른 물이 넘실거리는 바다가 눈앞에 펼쳐졌지. 그리고 이리저리 바닷물에 휩쓸리며 춤추는 자갈들이 발에 걸렸어.

"오호라, 거의 다 온 모양이로구나."

나는 얼른 코를 벌렁거리며 석이의 냄새를 찾았어. 하지만 냄새를 맡을 수가 없었어. 바다에서 날아오는 짠 내가 콧속에 꽉 찼거든. 나는 한 손으로 코를 움켜쥐고, 어슬렁어슬렁 마을을 돌아다녔어. 석이 녀석을 만나려고 말이야. 하지만 녀석은 코빼기도 보이지 않았어. 하는 수 없이 밭일을 하는 남자 앞에 우뚝 나설 수밖에 없었지.

"아이고, 호랑이님. 목숨만 살려 주십시오."

남자는 석이가 그랬듯이 온몸을 땅바닥에 납죽 붙이고는 달달 떨었어. 내가 쩌렁쩌렁한 소리로 물었지.

"여기 죄를 짓고 귀양 온 정약용이라는 자가 어디에 사느냐?"

"아니, 정약용 영감님은 왜 찾습니까?"

남자는 눈을 동그랗게 뜨고 나를 쳐다보았어. 마치 나를 꾸짖기라도 하려는 듯 말이야.

"흠, 그럴 일이 있으니 어서 대답이나 해라!"

나는 일부러 더 큰 목소리로 호통을 쳤어. 그런데 남자는 온몸

을 바들바들 떨면서도 쉽게 집을 가르쳐 주지 않았어. 그래서 다시 말했지.

"그 영감을 혼내려는 것이 아니다. 영감에게 궁금한 것이 있어 그런다."

"참말입니까?"

남자가 눈을 동그랗게 뜨고 물었어. 나를 영 믿지 못하는 눈치였지. 나는 기분이 팍 상했어.

"아, 그렇다니까! 이 사람이 만날 속고만 살았나!"

나는 팽 하니 성질을 부렸어. 그러자 남자는 손가락 끝을 달달 떨면서, 바닷가 대나무 숲 앞에 있는 허름한 초가집을 가리켰어.

"절대로 영감님을 해쳐서는 안 됩니다!"

내가 등을 돌리자, 남자가 소리쳤어. 어쩐지 정약용 영감을 해치면 큰일이라도 날 것 같았지. 순간 내 마음속에서 정약용 영감에 대한 호기심이 왈칵 일었어. 석이도 마을 남자도 정약용 영감을 무척이나 존경하는 것 같았거든. 나는 빨리 정약용 영감을 만나고 싶었어. 그래서 남자가 가르쳐 준 초가집으로 헐레벌떡 달려갔지. 그런데 어디에선가 '찌익 찍' 기분 나쁜 소리가 들려왔어.

'이게 무슨 소리지?'

나는 고개를 갸우뚱거리며 소리가 들리는 쪽으로 걸음을 옮겼어. 소리는 초가집 방 안에서 울리더군.

'찌익 찍, 찌익 찍.'

아무래도 소리가 심상치 않았어. 무언가를 찢는 소리였거든. 나는 창호지 문에 구멍을 냈어. 그리고 구멍으로 방 안을 들여다보았지. 순간 난 소스라치게 놀라고 말았어. 한 사내가 방 안에서 붉은 치마를 사정없이 찢고 있었거든. 석이가 보여 줬던 그 치마를 말이야.

마지막 부탁

"어흥, 네 이놈!"

나는 방문을 발칵 열고 안으로 들어갔어. 그리고 정약용으로 보이는 영감 앞에 우뚝 버티고 섰지.

"아니, 산중에 살아야 할 호랑이가 여기에는 무슨 일로 왔나?"

영감은 아주 태연한 얼굴로 물었어. 새끼손톱만큼도 당황하지 않고 말이야. 나는 영감의 당당한 태도에 적잖이 화가 났어. 그래서 목을 살짝 낮추고 으르렁 소리를 냈지.

"허허, 무슨 일인지 몰라도 화가 단단히 치민 모양이구먼."

나를 보면서 영감이 허허 웃었어. 나는 더 화가 났지.

"당장 잡아먹고 말겠다!"

나는 앞발을 번쩍 들어 올리며 소리를 질렀어. 사실 허리까지 곧추세워 더 겁을 주고 싶었지만, 천장이 너무 낮아서 그러지는 못했어. 그래도 그만하면 영감이 겁을 먹고 납작 엎드릴 줄 알았지. 그런데 영감은 그러지 않았어.

"어차피 죄인으로 가족과 헤어져 지내는 몸, 너에게 잡아먹혀 네 배라도 불릴 수 있다면 기꺼이 그리하겠노라."

영감이 말을 맺었어. 갑자기 속이 시끌시끌 번잡스러워졌어. 도대체 이 영감이 왜 이토록 당당한 건지 그 이유가 궁금해졌지.

"어허, 네 이놈!"

나는 다시 한 번 으르렁거리며 영감을 위협했어. 하지만 영감은 눈도 깜빡하지 않았어. 참다못해 내가 물었지.

"네놈은 어찌하여 여인네의 치마를 잘게 찢고 있는 게냐?"

나는 그 치마가 어떤 물건인지 모른 척했어. 과연 기세 좋은 영감의 입에서 무슨 말이 튀어나올지 궁금했거든.

"이 치마는 나의 부인이 보내온 것일세."

뜻밖에도 영감은 솔직하게 대답했어. 그래서 다시 물었지.

"부인이 정성껏 준비해 보낸 치마를 어찌하여 찢는 게냐?"

영감은 거친 손으로 붉은 치마를 어루만지며 말했어.

"부인의 걱정을 조금이나마 덜어 주려고 그러는 걸세."

도통 무슨 소린지 알 수가 있어야지.

"어허, 죽음이 코앞에 닥치니 엄한 소리를 지껄이는구나. 진짜 속내를 밝히지 못할까!"

나는 영감에게 불호령을 내렸어. 그래도 영감은 두려워하지 않

불호령 몹시 심하게 하는 꾸지람.

앉아. 부인이 보내온 치마만 하염없이 어루만지고 있었지. 나는 조금도 지체할 수 없었어. 너무 궁금해서 속이 바짝 타들어 갈 것 같았거든.

"그게 무슨 소린지 확실하게 밝히란 말이다!"

내가 다시금 재촉을 했어. 그러자 영감이 입을 열었어.

"이 치마는 부인이 나와 결혼할 때 입었던 옷이라네. 그런데 이것을 나에게 왜 보냈을까 한참을 생각해 보았지."

영감의 목소리는 진지했어. 나는 가만히 영감의 말을 들었지.

"열다섯, 철없는 나이에 부인을 만나 부부의 연을 맺었네. 그때부터 지금까지 나는 한시도 부인의 마음을 편하게 해 준 적이 없었어. 나랏일이 바쁘다는 핑계로 집안일은 늘 부인에게 맡겼지. 그때는 당연하다고 생각했는데, 이렇게 떨어져 지내다 보니, 그동안 부인에게 참 잘못했다는 생각이 들더군."

영감은 말을 하염없이 길게 늘어놓았어. 나는 참을성이 많은 호랑이가 아닌데 말이야.

"그래서 부인이 보낸 치마를 북북 찢는 이유가 뭐냔 말이다!"

나는 더럭 성질을 부렸지. 영감이 두 눈을 슴벅이며 말했어.

"아비가 죄인이 되었으니, 이제 두 아들은 과거˚에 응할 수 없네. 그러니 두 아들이 공부를 제대로 하겠는가. 그 마음 충분히 헤아려지나, 아들들을 바라보는 부인의 심정은 또 오죽했겠는가. 그래서 이제라도 내 아들들에게 아비의 도리를 다하여, 부인에게 고맙고 미안한 마음을 대신하려는 걸세."

영감은 말을 마쳤어. 하지만 내 머리로는 도저히 이해할 수가 없었어. 가슴이 답답해지더군. 그래서 나는 앞발로 가슴을 쾅쾅 내리쳤어. 내 속을 알아챘는지 영감이 허허 웃었어. 그리고 말했지.

"내 마지막 부탁을 들어줄 수 있나?"

"마지막 부탁이 무엇인가?"

나는 슬그머니 성난 꼬리를 내리고, 점잖게 물었어.

"내 아들들에게 편지를 쓰고 싶네."

나는 또 눈을 세모지게 뜨고, 눈썹을 팔자로 일그러뜨렸지. 마지막 부탁이라는 게 고작 편지를 쓰는 거라니! 하지만 어쨌거나 나더러 대신 써 달라는 것도 아니고, 스스로 쓰겠다니 못 들어줄 이유가 없었지. 나는 영감에게 어서 편지를 쓰라고 했어.

과거 옛날에 관리를 뽑기 위해 치렀던 시험.

아들들에게 보내는 편지

　나는 영감이 편지를 쓰기 위해 종이를 꺼낼 줄 알았어. 그런데 종이 대신 부인이 보내온 치마폭을 펼쳐 놓았어. 북북 찢어 치마라고 부를 수도 없는 빛바랜 붉은 헝겊 말이야.

　"편지를 쓴다 하지 않았소?"

　내가 거칠게 물었어. 그런데 은근슬쩍 영감에게 존대를 하고 있더라고. 나도 모르게 말이야. 영감은 인자하게 미소를 지으며 나를 보았어.

　"이제 써야지. 조금만 기다려 주게."

　말을 마치더니 영감은 부인의 치마에 거침없이 글을 적기 시작

했어.

 글자라고는 까맣다는 것 말고 아는 게 없으니, 영감이 휘갈기는 글자가 무슨 뜻인지 알 수가 없었어. 궁금하고 또 궁금했지. 무슨 글자냐고 삐죽 묻고 싶었어. 하지만 참고 참았어. 편지를 쓰는데 방해하면 안 되니까.

 나는 영감이 편지를 다 쓸 때까지 그 옆에 웅크리고 앉아 기다리고 또 기다렸어. 한참을 꼼짝도 않고 앉아 있으려니 슬금슬금 잠이 쏟아지더군.

 까무룩 잠이 드나 싶었는데, 누군가가 나를 톡톡 두드렸어. 영감이었지. 나는 얼른 정신을 차리고 영감을 보았어.

 "다 썼소?"

 "그렇다네."

 영감은 내게 붉은 치마폭으로 접어 만든 책자를 자랑스럽게 내밀었어.

 "오, 부인이 보내 준 치마폭으로 책을 만들었소?"

영감은 책자를 내려다보며 고개를 끄덕였어. 기나긴 세월에 닳고 닳은 치마폭으로 만든 책자는 무척이나 귀해 보였지. 그제야 나는 영감이 부인의 치마폭을 북북 찢은 이유를 알 수 있었어.

"책에는 뭘 적은 거요?"

또 궁금증이 일어서 참을 수가 없었지.

"아들들에게 하고 싶은 말을 적었네."

영감이 말했어. 그런데 내가 알고 싶은 건 그게 아니었거든.

"그러니까 아들들에게 하고 싶은 말이 뭐냔 말이오!"

나는 또 매섭게 몰아붙였지. 영감이 다소곳이 말했어.

"비록 죄인의 자식이라 벼슬을 얻을 수는 없지만, 그럴수록 책 읽기에 더 정진˚을 하여라. 집안이 망하였다고 공부를 게을리하고, 행실을 바르게 하지 않으면, 사람 노릇을 제대로 할 수 없는 법. 모름지기 공부는 벼슬을 위해 하는 것이 아니요, 성인˚이 되기 위해 하는 것이니 너희는 지금을 기회로 삼아 낙담˚하지 말고, 진

정진 힘써 나아감.
성인 지혜와 덕이 매우 뛰어나 길이 우러러 본받을 만한 사람.
낙담 너무 놀라 간이 떨어지는 듯하다는 의미로, 바라던 일이 뜻대로 되지 않아 마음이 몹시 상함.

정한 성인의 모습을 갖추어 가길 바란다."

영감은 떨리는 목소리로 아들들에게 쓴 편지를 읽었어. 아, 영감의 목소리가 왜 달달 떨렸느냐고? 물론 내가 무서워서 그랬다면 좋았겠지. 호랑이의 위엄이 살 테니 말이야. 하지만 그래서가 아니었어. 영감의 목소리에 가족을 향한 그리움이 잔뜩 묻어 있었거든.

"이제 이것을 석이 편에 보내면 되네. 자네는 나를 취해 배고픔에서 벗어나도록 하게."

편지를 다 읽고 나서 영감은 편지 책을 문 앞에 밀어 놓고 가만히 눈을 감았어.

나는 곤란했어. 사실 영감을 꼭 잡아먹으려고 쫓아온 건 아니었잖아. 나는 약속을 지키지 않은 석이에게 화가 났고, 부인이 왜 치마를 보냈는지가 궁금했을 뿐이니까. 그런데 여태껏 영감 앞에서 으르렁거리며 잡아먹겠다고 큰소리를 쳤으니 아닌 척하기도 애매하더라고. 그래서 어쩌면 좋을까 고민하고 있는데 등 뒤에서 짜랑짜랑한 목소리가 울려 퍼졌어.

누구를 살려야 하나

"주인님은 절대 안 돼!"

석이 녀석이었어. 녀석은 어느새 부리나케 달려와 영감의 앞을 막아섰지. 두 팔을 양옆으로 쫙 벌리고 말이야.

"석아, 너는 어서 저 편지 책을 가지고 길을 떠나라!"

영감이 석이의 등 뒤에서 점잖게 말했어.

"싫어요. 주인님이 호랑이 밥이 되는 꼴을 절대 그냥 두고 볼 수 없어요!"

석이 녀석이 짜랑짜랑 고함을 내지르며 나를 매섭게 노려보았어. 진짜로 매섭게 말이야. 정말 어이가 없었지. 아까도 말했듯이 나는 영감을 꿀꺽 삼킬 마음이 전혀 없었거든.

"주인님은 놔두고, 나를 잡아먹어라!"

석이의 어이없는 행동에 나는 떨떠름한 표정을 감출 수 없었지.

"어차피 너도 나한테 잡아먹힐 팔자잖아."

"그래! 차라리 나를 잡아먹으란 말이다!"

석이가 고래고래 소리를 질러 댔어. 그러자 영감이 스르르 자리에서 일어나 석이를 붙잡았어.

"석아, 나는 귀양을 온 몸이니, 지금 죽어도 상관이 없다. 그러니 너는 어서……."

"절대로 아니 되옵니다. 저는 주인님을 두고 갈 수 없어요."

하인 주제에 감히 주인의 말을 어기고 있었지. 나는 두 사람을 조금 더 살펴보기로 했어.

"어허, 나는 살 만큼 살았다. 그러니 네가 살아야 한다."

"아닙니다. 주인님은 학식이 풍부하시니 후세°에 배울 것을 두루 남겨 주실 수 있사옵니다. 저는 일자무식°에 배운 것이라고는

후세 다음에 오는 세상. 또는 다음 세대의 사람들.
일자무식 글자를 한 자도 모를 정도로 무식함.

밥 먹는 재주밖에 없으니 살아남아도 후세에 남겨 줄 것이 없사옵니다."

석이가 말을 마쳤어. 영감은 물끄러미 방 안을 둘러보았어. 그러고 보니 방 안에는 어마어마하게 많은 책이 쌓여, 오래된 종이 냄새와 묵향을 진득하게 뿜어내고 있었지. 영감이 치마폭을 북북 찢는 바람에 미처 살피지를 못했지만 말이야.

"저 책들이 아깝기는 하구나."

영감이 속삭이듯 혼잣말을 했어. 나는 또 궁금했지.

"책이 왜 아깝소?"

"이곳에 와서 매 순간 틈날 때마다 함께한 것이 바로 저 책들이라네. 그러니 저것들은 나의 벗이나 마찬가지지."

영감은 죽기 전에 벗의 얼굴을 하나하나 담기라도 하려는 듯 책을 한 권 한 권 쓰다듬었어. 솔직히 나는 이해할 수 없었지. 말도 못하고 움직이지도 못하는 책이 벗이라니, 그 말을 어떻게 받아들일 수 있겠어. 그때 석이 녀석이 힘을 주어 말했어.

"하오니, 주인님은 부디 몸을 살피시옵소서."

묵향 향기로운 먹 냄새.

어째 분위기가 희한했어. 둘 중 하나는 반드시 내 밥이 되어야 할 것 같은 분위기랄까. 나는 이러지도 저러지도 못한 채 둘을 번갈아 쳐다보기만 했지.

"주인님은 지금 쓰고 계신 책도 있잖아요. 그 책도 꼭 완성하시어 후세에 길이 전하셔야 합니다."

"세상에 태어나 후세에 남길 것이 꼭 학문만 있겠느냐. 너는 아직 어리고 생각이 바르니 분명히 좋은 어른이 될 것이다."

영감은 여전히 자기가 죽겠다고 나섰어. 석이는 영감을 향해 납죽 몸을 엎드렸어.

"싫습니다. 더 이상 저에게 떠나라고 명하지 말아 주세요."

석이도 만만치 않았어. 나는 더 이상 두고 볼 수가 없었지.

"어허, 이놈들!"

나는 초가지붕이 날아갈 만큼 큰 소리로 두 사람을 불렀어. 서슬°에 놀란 석이는 몸을 반짝 일으켜 나를 보았지.

° **서슬** 강하고 날카로운 기세.

"너희들 지금 나를 놀리는 게냐?"

내가 묻자, 둘은 손을 절레절레 흔들며 절대 아니라고 하더군.

"그런데 서로 나에게 잡아먹히겠다 나서니, 헷갈리지 않느냐!"

나는 짐짓 위엄스레 말을 마쳤지. 영감이 내 앞으로 성큼 다가왔어.

"헷갈릴 이유가 무엇이냐. 처음부터 나를 잡아먹겠다고 하였으니, 석이는 살려 두어라."

"아닙니다. 이 호랑이를 처음 만난 것은 소인이었습니다요. 호랑이가 이곳에 온 것도 소인 때문이니 저를 잡아먹는 게 맞사옵니다."

석이도 지지 않고 따박따박 말을 받았어. 나는 자리에 털썩 주저앉았어. 머리가 지끈지끈 아파 오기 시작했거든. 도대체 누구를 살려야 할지 판단할 수가 없었어.

소인 신분이 낮은 사람이 자기보다 신분이 높은 사람을 상대하여 자기를 낮추어 이르던 말.

책을 읽어야 하는 이유

　자, 내가 누구를 살렸을 것 같니? 정약용 영감? 하인 석이? 아하, 둘 다 살렸을 것 같다고? 어허허, 맞았다. 역시 너희들은 나를 잘 아는구나. 나는 궁금한 걸 참지 못할 뿐 마음만은 착하고 여린 호랑이거든. 으흠!

　나는 일단 석이를 집으로 돌려보냈어. 정약용 영감의 마음이 담긴 편지 책을 아들들에게 전해 주라고 말이야. 석이는 미심쩍어하면서 몇 번이나 가지 않겠다고 버티었단다.

　"석아, 내 아들들이 정신을 차려 글공부를 하면 그 또한 나에게 큰 기쁨이요, 내 아내도 마음고생을 덜 수 있으니 집안에 평화가 찾아오지 않겠느냐. 부디 나의 기쁨과 집안의 평화를 위해 집으로 돌아가 다오."

영감이 자분자분 말했어. 석이는 입을 불뚝 내밀고 나를 향해 눈을 부라렸어.

"우리 주인님을 절대로 다치게 하면 안 돼. 그러면 내가 혼내 줄 거야!"

사람이, 그것도 어린아이가 호랑이에게 으름장을 놓다니. 그 모양이 우스워 나는 껄껄 웃어 댔지. 석이는 약속을 하라며 내 뱃살을 마구 간질였어. 그러니 더 뛸 듯이 웃어 댈 밖에.

"허허허허, 알았어, 알았어! 절대로 영감을 해치지 않을 테니 걱정하지 마라."

나는 석이를 기분 좋게 집으로 보냈단다.

"석이를 살려 줘서 고맙네."

영감이 빙시레 웃으며 말했어. 큰일도 아닌데 인사까지 받으니 좀 무안하더군. 그래서 앞발로 뒷머리를 긁적긁적 긁었지.

"자, 이제 어찌할 셈인가?"

빙시레 슬며시 입을 벌리는 듯하면서 소리 없이 경쾌하고 부드럽게 웃는 모양.

영감이 내게 물었어. 나는 두 눈을 슴벅거리다가 말했지.

"나는 영감을 잡아먹지 않을 거요."

영감은 말없이 내 눈을 바라보며 고개를 끄덕였어. 마치 감사 인사를 건네는 듯했지. 다시 내가 말했어.

"대신 궁금증을 풀어 주시오."

"무엇이든 말해 보게."

나는 책이 첩첩이 쌓여 있는 방을 다시 한 번 빙 둘러보았어. 그리고 물었지.

"책은 뭐하러 읽소?"

영감은 나를 지그시 바라보며 말했어.

"책에는 우리가 알지 못하는 많은 것들이 담겨 있네. 우리가 겪지 않은 일들도 알게 해 주지."

"그럼 책을 읽으면 아는 것이 많아지겠구려."

"그렇지. 그만큼 생각이 깊어지고, 올바른 도리를 깨우칠 수 있으니 많은 사람들에게 모범을 보일 수 있다네."

영감의 말을 듣고 보니 책이라는 것이 참 귀하게 여겨지더군. 그런데 또 궁금한 게 생기지 뭐야.

"영감은 태어날 때부터 쭉 책을 읽었소?"

"허허, 사람이 어찌 그럴 수 있겠는가. 내가 글을 익힌 것은 너댓 살 즈음이었지. 처음으로 시를 지은 것도 일곱 살이 되어서였어."

영감이 허허 웃으며 말했어. 나는 또 물었지.

"일곱 살 꼬맹이가 무슨 시를 짓는단 말이오?"

"들어 보겠나?"

나는 힘차게 고개를 끄덕였어.

"작은 산이 큰 산을 가렸네. 멀고 가까움이 다르기 때문이라네."

영감이 시를 읊었어. 나는 고개를 갸웃거리며 영감을 보았지.

"그게 무슨 뜻이오?"

"본디 작은 것은 큰 것을 가릴 수 없네. 허나 사람의 눈에 가까이 있으면 크게 보이고, 멀리 있으면 작게 보이니, 아무리 작은 산이라도 앞에 있으면 뒤에 있는 큰 산을 가릴 수 있다는 뜻이지."

"맞소! 나도 산에 살면서 그런 경우를 종종 보았소!"

나도 모르게 목소리가 커졌어. 내가 평소에 느끼던 것을 짧은 시로 풀이한 것이 몹시도 신기했지. 계속해서 궁금증이 솟구쳐 참

을 수가 없었어.

"그럼 그때부터 지금까지 쭉 책을 읽었소?"

영감은 설레설레 고개를 저었어.

"내 나이 아홉 살 때 어머니가 돌아가셨네. 그때 나는 하늘이 무너지는 듯한 슬픔을 맛보아야 했지. 나는 책이고 뭐고 다 작파한 채 들로 산으로 미친 듯 뛰어다니며 시간을 헛되이 썼다네. 지금의 내 아들들처럼 말이야."

실로 놀라운 이야기였지. 나는 눈을 동그랗게 뜨고 영감을 보았어.

"그때 아버지가 고향에 내려와 나를 불러 꾸짖으시길, 행실을 바로 하고 글을 읽어야 마음을 바로 세울 수 있으며, 그것이 곧 죽은 어미를 기쁘게 하는 길이라 하셨네."

"그래서 다시 글공부를 시작한 거요?"

영감은 미소를 지으며 천천히 고개를 끄덕였지.

작파 어떤 계획이나 일을 중도에서 그만두어 버림.

정약용 영감의 벗이 되어

"잠깐 산책을 하겠는가?"

영감이 물었어. 사실 좁은 방 안에서 책 냄새를 맡으며 앉아 있기란 여간 힘든 일이 아니었거든. 나는 영감의 말이 끝나기가 무섭게 방을 빠져나왔어. 선선한 바람이 훅 불어오더군.

영감과 나는 바닷가로 나왔어. 바닷가에는 어느새 빨갛고 노란 노을이 하늘을 곱게 물들이고 있었어. 정약용 영감의 부인이 새색시 때 입었던 다홍빛 치마처럼 말이야.

영감은 느릿느릿 옮기던 걸음을 멈추고 널찍한 바위에 걸터앉았어. 그러고는 석이가 떠나간 북쪽 하늘을 올려다보았지. 아마도 가족을 생각하는 듯했어. 나도 얌전히 앉아 영감처럼 북쪽 하늘을 바라다보았어. 문득 홀로 있는 영감의 친구가 되어 주고 싶다는 생각이 들었거든.

"영감님은 언제까지 이곳에 머물 건가요?"

"그건 나도 알 수 없네. 임금의 뜻에 달려 있으니까."

영감의 대답이 어딘지 모르게 쓸쓸하게 들렸어. 내 마음이 왈칵 젖는 듯했지. 마치 바다에 풍덩 빠졌다 나온 것처럼 말이야.

"이제 너도 네가 살던 곳으로 돌아가야 하지 않느냐?"

영감이 물었어. 나는 영감의 곁을 떠나고 싶지 않았어.

"내가 살던 데로 가도 어차피 나는 혼자요. 어려서 부모와 형제를 모두 잃었거든요."

"외롭게 살았겠구먼."

영감은 나를 물끄러미 바라보았어. 어쩐지 영감이랑 나는 마음이 아주 잘 맞을 듯했지. 그래서 물었어.

"혹시 말이오. 나 같은 무지렁이 호랑이도 책을 읽을 수 있소?"

"책을 읽고 싶은가?"

영감은 대답 대신 나에게 질문을 던졌어. 나도 모르게 얼굴이 붉어졌어. 말도 안 되는, 꿈도

무지렁이 아무것도 모르는 어리석은 사람.

꾸어 본 적 없는 질문이니까. 나는 얼른 고개를 숙였어.

"자네가 정성을 다해 글을 읽고자 한다면, 내가 가르쳐 줌세. 다만 책을 읽을 때는 그저 읽기만 해서는 안 되네. 그렇게 읽으면 하루에 백 번 천 번을 읽어도 제대로 읽었다고 할 수 없지."

영감은 아주 진지하게 당부˚했어.

"다만 한 글자라도 막히면, 주위 사람들에게 두루 묻거나 다른 책을 샅샅이 뒤져 그 뜻을 정확히 알아야 하네. 그래야만 책을 제대로 읽었다고 할 수 있지."

"역시, 책 읽기란 쉬운 일이 아니군요."

나는 기가 죽어 쓸쓸히 말했어. 영감이 허허 웃으며 나를 보았지.

"쉬운 일은 아니지. 하지만 기백˚이 당당한 숲의 제왕, 호랑이라면 능히 할 수 있을 걸세."

영감의 말은 마치 주문과 같았어. 진짜로 마음만 먹으면 할 수 있을 거라는 생각이 들었지. 나는 영감을 바라보며 있는 힘껏 고개를 끄덕였어. 온몸에서 힘이 불끈 솟는 듯했어.

당부 말로 단단히 부탁함.
기백 씩씩하고 굳센 마음씨가 겉으로 드러난 모양.

책 읽기 전에 글공부

"호랑이님, 그다음은 어떻게 됐어요?"

"정말로 정약용 영감이 글을 가르쳐 줬어요?"

나를 찾아온 동물 친구들은 성격이 모두 급한 모양이야. 내 이야기가 채 끝나기도 전에 툭툭 질문을 던졌거든. 어쩌면 나처럼 궁금한 걸 참지 못하는 성격일 수도 있지.

동물 친구들은 두 눈을 반짝반짝 빛내며 나를 보았어. 나는 빙시레 웃으며 입을 열었지.

"그날로 정약용 영감에게 글을 배워, 책을 읽을 수 있게 되었지. 덕분에 이렇게 책을 읽어 줄 수 있는 거란다."

어깨에 저절로 힘이 들어가더군. 내 자신이 자랑스러웠어.

"글자를 배우고, 책을 읽는 건 어렵지 않나요?"

다람쥐가 또 물었어. 나는 부드러운 눈으로 다람쥐를 바라보았지.

"너는 궁금한 게 참 많은 모양이로구나."

"그게……, 저도 제 힘으로 책을 읽고 싶거든요."

다람쥐는 부끄러운 듯 입을 오물거렸어. 옆에 있던 염소 할아버지도, 까막눈 두더지도, 토끼랑 꽃사슴도 모두들 스스로 책을 읽고 싶다고 말했어. 그래서 내가 물었지.

"책을 읽고 싶은 이유가 무엇이냐?"

"바르고 지혜로운 동물이 되고 싶어요."

다람쥐가 다부지게 대답했어. 다른 동물들도 고개를 끄덕이며 나를 보았어. 나는 또 물었지.

"책을 읽으면 그렇게 될 수 있겠느냐?"

동물 친구들은 주먹을 꼭 쥐며, 고개를 끄덕였어.

"그렇다면 너희들에게 책을 읽어 줄 게 아니라, 글을 가르쳐야겠구나."

내 말이 끝나기가 무섭게 동물 친구들은 신이 난 듯 춤을 췄어. 나는 잠시 동물 친구들을 바라보다가 오른쪽 앞발을 천천히 들어 올리며 낮은 목소리로 말했지.

"그런데 말이다."

한껏 들떠 있던 동물 친구들은 어느새 차분한 모습으로 나를 바라보았어.

"글을 배우는 일은 결코 쉽지 않단다."

"얼마나 어려운데요?"

동물 친구들이 걱정스러운 얼굴로 나를 보았어. 나는 다시 정약용 영감을 떠올렸어.

"그날 이후 영감은 매일 아침 동이 트기도 전에 나를 깨웠어. 그리고 마을을 한 바퀴 돌면서 운동을 한 다음 간단히 아침을 먹고 곧장 글을 가르쳤지. 글공부는 늦은 밤까지 쉴 새 없이 이어졌단다."

"매일매일 하루도 빠지지 않고요?"

놀란 듯 다람쥐가 물었어. 나는 당연히 고개를 끄덕였지.

"영감은 매우 부지런하고 성실했어. 글을 익히고 책을 읽으려면 그래야 한다고도 말씀하셨지. 글을 배우려면 나도 영감처럼 생활할 수밖에 없었어. 강진 땅을 떠나기 전까지 오랜 세월을 말이야."

"후유……."

여기저기서 한숨이 새어 나왔어. 어떤 친구들은 절레절레 고개를 젓기도 했지. 자신이 없다는 뜻이었어. 나는 동물 친구들을 충

분히 이해할 수 있었어. 18년 동안 매일같이 글을 읽고, 책을 쓰며 보낸다는 건 결코 쉬운 일이 아니거든. 정약용 영감이니까 할 수 있었던 일이지.

"아들들은 어떻게 됐어요?"

다람쥐가 작은 소리로 물었어. 짐짓 다른 이야기로 말을 돌리려는 것 같았지. 하지만 나는 친절하게 대답해 주었어.

"편지 책을 받은 아들들은 아버지의 뜻을 헤아려 열심히 글공부를 했어. 그리고 훗날 아버지를 도와 여러 권의 책을 엮어 냈단다."

"와, 정말 잘됐어요!"

동물 친구들은 짝짝 손뼉을 치며 기뻐했어. 조금 전에 자신 없어 하던 모습은 온데간데없이 말이야. 그래서 내가 물었지.

"자, 그럼 내일부터 나에게 글을 배워 볼 텐가?"

동물 친구들은 자기들끼리 힐끔힐끔 눈빛을 주고받았어. 그러고는 멀뚱멀뚱 다른 곳을 쳐다보며 공연히 몸을 여기저기 긁어 대지 뭐야.

"자신들이 없는 모양이구먼!"

"저기 그냥 호랑이님이 지금처럼 재미있는 책을 읽어 주시면 안 될까요?"

염소 할아버지가 조심스레 말했어.

"책 읽어 주는 건 딱, 호랑이님만 할 수 있는 일이잖아요!"

다른 동물 친구들도 덩달아 목청을 높였어. 나는 조금 실망스러웠어. 어렵더라도 도전하려는 친구가 있었으면 했거든. 그때 다람쥐가 손을 반짝 들었어.

"저는 호랑이님한테 글을 배워 볼래요."

그러자 몇몇 동물 친구들도 느릿느릿 손을 들었지. 모두는 아니었지만 몇이라도 글을 배우겠다고 해서 정말 뿌듯했어. 나는 기분 좋게 제자들을 받아들이기로 했지.

이윽고 휘영청 떠올랐던 달님이 구름 사이로 사라지기 시작했어. 동물 친구들은 책 한 권도 제대로 읽지 못한 채 긴 밤을 보낸 걸 못내 아쉬워했지.

"대신 정약용 영감의 이야기를 들었으니 너무 서운해하지 말게."

동물 친구들은 보름달이 뜨는 다음 밤을 기약하며 하나둘 수풀 마당을 떠났어. 나와 글공부를 할 몇몇 동물 친구들은 수풀 마당 한쪽에 자리를 잡았지. 동이 틀 즈음, 이곳 수풀 마당에는 동물 친구들의 글 읽는 소리가 요란하게 울려 퍼질 거야.

기약 때를 정하여 약속함.

끝없이 공부하고, 배운 것을 실천한 큰 인물
다산 정약용

정약용은 1762년 경기도 광주 마현에서 진주목사 벼슬을 지낸 정재원의 넷째 아들로 태어났어요. 어릴 적부터 영특해서 4살에 천자문을 익히고, 7살부터 한문으로 시를 지었지요. 7살에 지은 시가 '산'이랍니다(본문 68쪽 참고). 10살 전에는 자신이 쓴 시를 모아 《삼미집》이라는 책을 만들기도 했어요.

어린 시절 정약용의 스승은 아버지였어요. 벼슬아치로 일하는 아버지를 따라 전국을 다니며 백성들의 생활과 벼슬아치의 업무를 직접 보고 들었어요. 또 아버지를 통해 기초 학문을 배웠지요. 16살에는 서울에 올라와 학자이자 매형인 이승훈과, 이승훈의 외삼촌 이가환 등에게 가르침을 받고 이익의 학문을 이어받았어요.

그 뒤 22살의 젊은 나이에 진사 시험에 합격하고, 성균관 등에서 공부하며 학문을 더 깊이 갈고닦았어요. 그때 왕이었던 정조는 정약용의 학문과 됨됨이를 높이 사 각별히 아꼈지요. 정약용은 정조의 총애를 받으며 다양한 벼슬자리에서

이익 조선 후기 실학자(1681~1763)로, 천문·지리·의학에 큰 업적을 남김.
총애 남달리 귀여워하고 사랑함.

뛰어난 성과를 올렸답니다.

정약용은 실생활에 도움이 되는 학문인 실학*을 연구했어요. 서양의 과학과 기술에도 관심이 많았지요. 이를 바탕으로 한강에 배다리를 만들고, 무거운 물건을 쉽게 들어 올릴 수 있는 거중기를 설계해 수원 화성을 짓는 데 큰 공을 세웠어요.

그 뒤 경기도 암행어사로 일하며 나쁜 벼슬아치들을 벌하고, 홍역에 대한 의학책인 《마과회통》을 펴내는 등 백성이 잘 사는 나라를 만들기 위해 힘썼지요.

그러나 1800년, 정약용의 든든한 후원자였던 정조가 세상을 떠나면서 그의 삶에 큰 위기가 닥쳤어요. 과거 서양의 학문이라 일컬어지며 배척 당하던 천주학에 잠시 빠진 일로 천주학과 관련된 사건이 생길 때마다 죄인 취급을 받았거든요. 그것이 탈이 되어 결국 천주교 박해 사건인 '신유박해 사건'과 '황사영 백서 사건'에 얽혀 1801년부터 18년 동안 강진에서 오랜 귀양살이를 했어요. 하지만 그곳에서도 좌절하지 않고 더욱더 학문에 힘썼답니다.

1808년에는 강진에 초가집을 짓고 그곳을 '다산초당'이라 부르며 '다산'이라는 호를 쓰기 시작했어요. 1818년까지 10년 동안 그곳에 살며 끊임없이 제자들을 가르치고 책을 썼지요. 《경세유표》와 《목민심서》를 비롯하여 《대학회의》《민보의》《맹자요의》 등 여러 책을 완성했답니다. 원래 초가집이었던 다산초당은 세월이 지나 허물어지고, 1958년에 강진의 다산유적보존회에서 힘써 원래의 주춧돌 위에 지금의 기와집으로 되살렸어요.

신유박해 사건으로 정약용의 셋째 형인 정약종은 처형을 당하고, 둘째 형인 정약전은 흑산도로 귀양을 떠났어요. 형과 멀리 떨어져 강진으로 귀양 온 정약용은

실학 조선 후기에 발전한 학문의 한 갈래로, 학문이란 실제 쓰임이 있어야 하고 백성들의 삶을 이롭게 하는 데에 도움이 되어야 함을 강조함.
황사영 백서 사건 1801년 천주교를 억압하는 신유박해가 일어나자 천주교 신자 황사영이 신앙의 자유를 얻기 위해 베이징 주교에게 청원서를 전하려다가 발각되어 처형된 사건.

늘 정약전을 그리워했어요. 정약용이 귀양 간 형을 그리워하며 강진만을 굽어보던 자리에는 훗날 '천일각'이라는 정자가 세워졌답니다.

기나긴 세월, 가족을 그리며 고통스러운 시간을 보내던 정약용에게는 벗이 있었어요. 승려 혜장선사였지요. 정약용은 다산초당 가까이에 있던 절인 백련사를 자주 찾아 혜장선사와 차를 마시며 이야기꽃을 피웠어요. 혜장선사는 정약용보다 10살이나 어렸지만, 글벗으로서 큰 힘이 되어 주었지요.

정약용은 1818년 가을, 귀양살이에서 풀려나 고향으로 돌아왔어요. 57살의 나이였지요. 그때부터 귀양 시절 지은 책들을 세상에 널리 알리고자 노력했답니다.

다산초당

천일각

천일각(天一閣)은 '하늘 끝, 한 모퉁이'라는 뜻이에요.

그리고 1836년 2월 22일, 75세의 나이로 세상을 떠났어요.

정약용은 평생 동안 다양한 학문을 연구하며, 500여 권의 책과 2,460여 편의 시를 남겼어요. 끝없는 독서를 통해 학문을 익히고, 배운 것을 몸소 실천한 조선 최고의 학자였지요. 정약용은 우리나라를 넘어 세계에서도 인정받는 학자가 되었어요. 유엔(UN)의 교육 과학 문화 기구인 유네스코(UNESCO)가 정약용을 소설가 헤르만 헤세, 음악가 드뷔시, 사상가 루소와 더불어 '2012 세계문화인물'로 선정하였답니다.

귀양지에서 보낸 아버지 정약용의 편지글

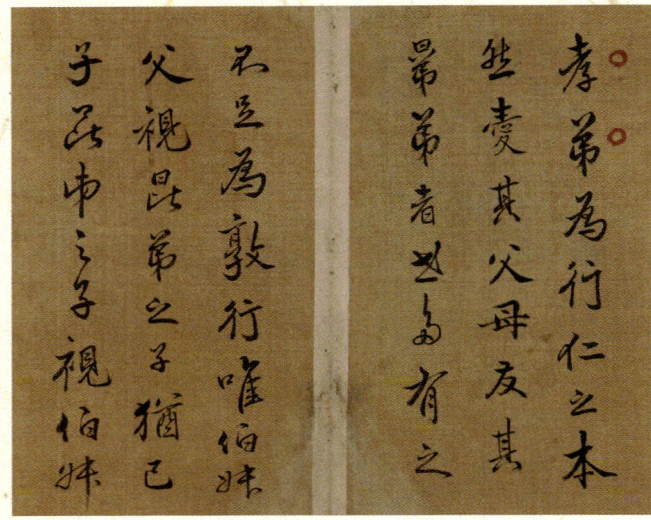

정약용 필적 《하피첩》

아들에게 보내는 편지

삶을 넉넉히 하고 가난을 구제할 수 있는
부적같이 여길 만한 두 글자가 있어서
너희들에게 주겠으니 소홀히 여기지 말아라
한 글자는 근(勤)이요, 또 한 글자는 검(儉)이다
이 두 글자는 좋은 전답이나 기름진 토지보다도
나은 것이니 일생 동안 가지고 써도
다 쓰지 못할 것이다

구제 어려운 처지에 있는 사람을 도와줌.
전답 논밭.

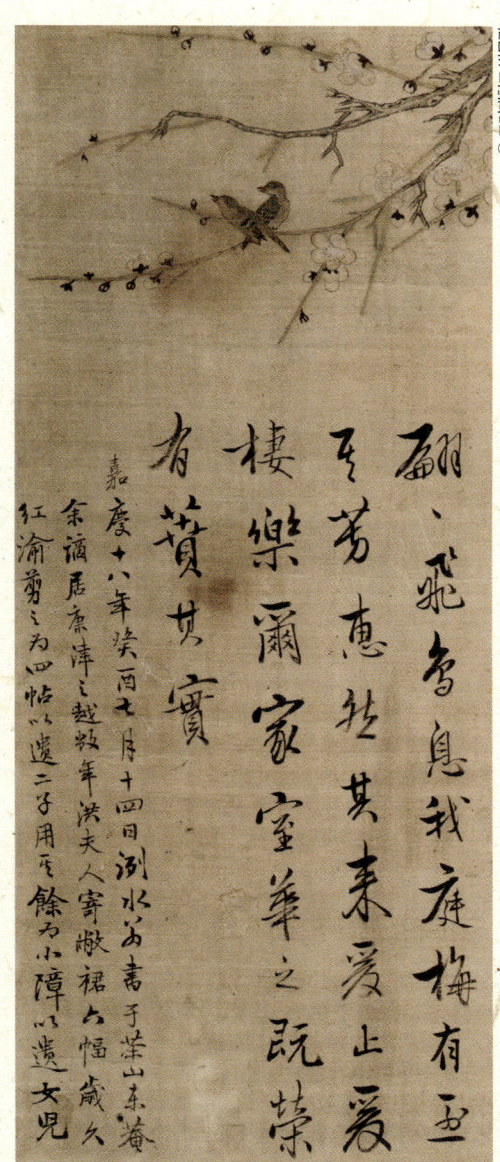

매화병제도

딸에게 보내는 편지

사뿐하게 훨훨 새가 날아와
우리 뜰 매화나무 가지에 앉아 쉬네
매화꽃 향내 짙게 풍기자
꽃향기 사모하여 날아왔네
이제부터 여기에 머물러 지내며
가정 이루고 즐겁게 살아라
꽃도 이미 활짝 피었으니
그 열매도 많이 열리리라

* 이 책에 사용된 사진은 저작권자의 허락을 받아 실었습니다. 저작권자를 찾지 못하여 게재 허락을 받지 못한 사진은 저작권자가 확인되는 대로 게재 허락을 받아 재쇄에 저작권자를 표기하겠습니다.